www.ingramcontent.com/pod-product-compliance
Lightning Source LLC
Chambersburg PA
CBHW030014190526
45157CB00016B/2758
* 9 7 8 1 0 7 7 9 5 1 5 3 2 *